Impressum
Verlag: BABADADA GmbH, Nedderfeld 112 , 22529 Hamburg
Geschäftsführer / Verlagsleitung: Harald Hof
Druck: Books on Demand GmbH, In de Tarpen 42, 22848 Norderstedt

Imprint
Publisher: BABADADA GmbH, Nedderfeld 112 , 22529 Hamburg, Germany
Managing Director / Publishing direction: Harald Hof
Print: Books on Demand GmbH, In de Tarpen 42, 22848 Norderstedt, Germany

skola

la escuela

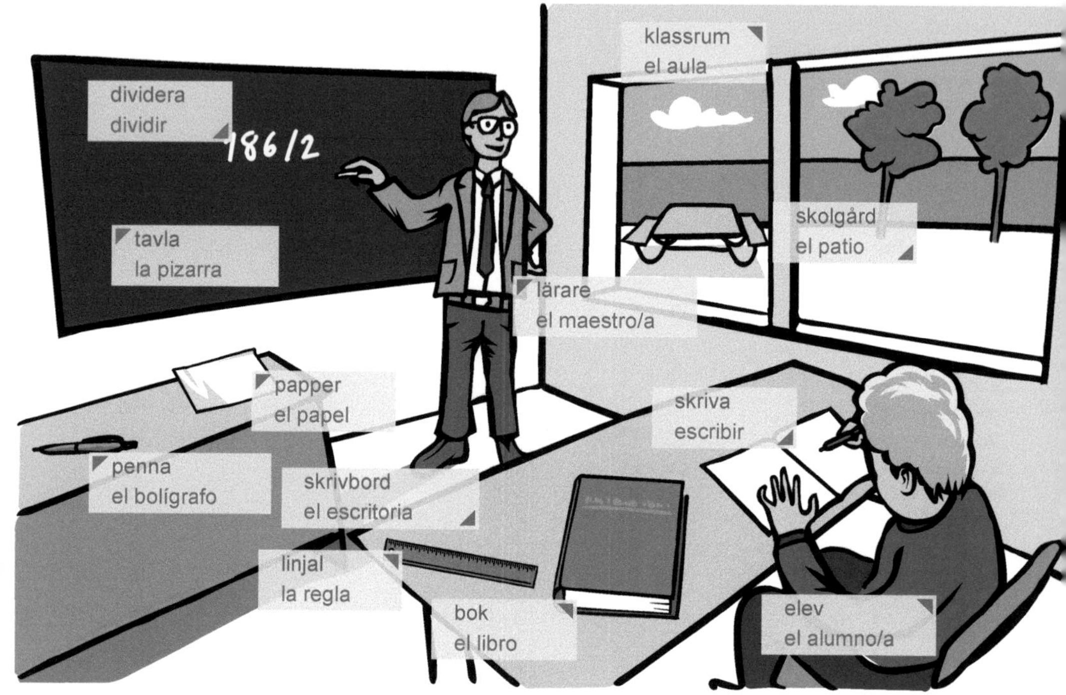
klassrum
el aula
dividera
dividir
186/2
tavla
la pizarra
skolgård
el patio
lärare
el maestro/a
papper
el papel
skriva
escribir
penna
el bolígrafo
skrivbord
el escritoria
linjal
la regla
bok
el libro
elev
el alumno/a

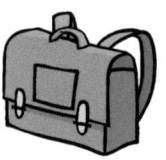

skolväska

la cartera

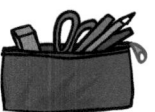

pennfodral

la caja de lápices

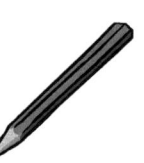

blyertspenna

el lápiz

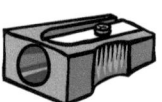

pennvässare

el sacapuntas

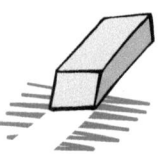

suddgummi

la goma de borrar

ritblock

el cuaderno de dibujo

teckning
el dibujo

pensel
el pincel

målarlåda
la caja de pinturas

sax
las tijeras

lim
el pegamento

övningsbok
el cuaderno de ejercicios

hemläxa
los deberes

tal
el número

2+2

addera
sumar

5-2

subtrahera
restar

multiplicera
multiplicar

räkna
calcular

A

bokstav
la letra

ABCDEFG
HIJKLMN
OPQRSTU
VWXYZ

alfabet
el alfabeto

ord
la palabra

text
el texto

läsa
leer

krita
la tiza

lektion
la lección

register
el cuaderno de notas

prov
el examen

intyg
el certificado

skoluniform
el uniforme

utbildning
la educación

uppslagsverk
la enciclopedia

universitet
la universidad

mikroskop
el microscopio

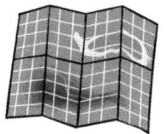

karta
el mapa

papperskorg
la papelera

resa

el viaje

Grand
hotell
el hotel
vandrarhem
el albergue
ROOMS
CHANGE
elkontor
ficina de cambio de divisas
resväska
la maleta
bil
el coche

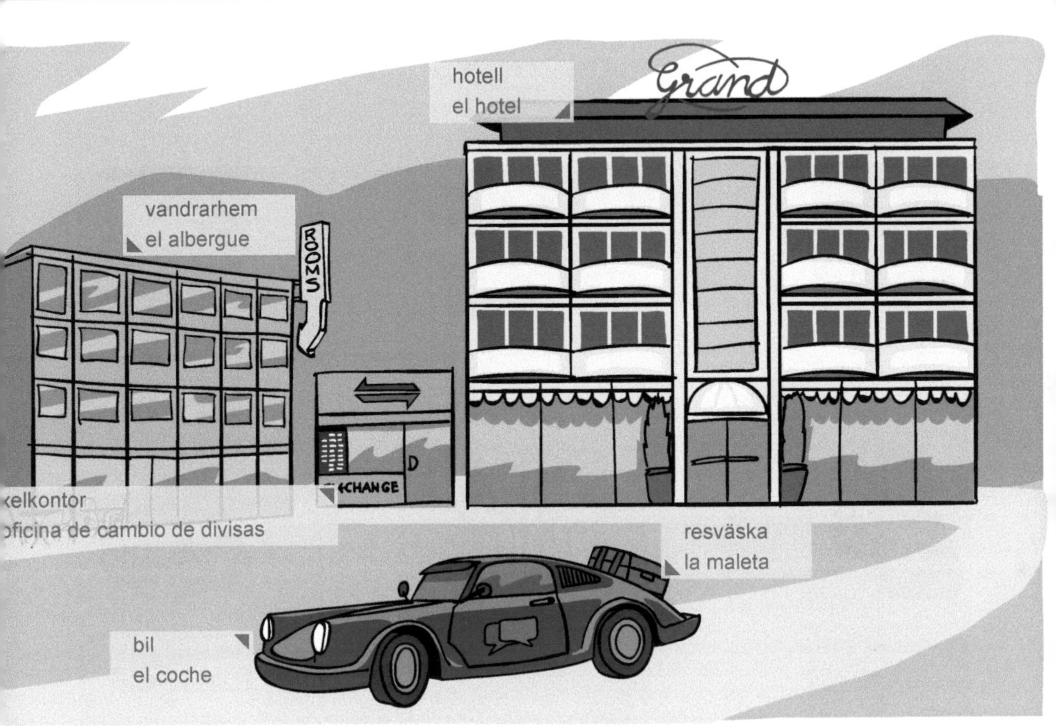

språk

el idioma

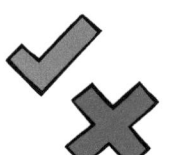

ja / nej

sí / no

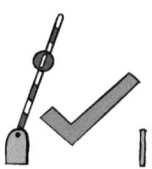

Okay

Vale

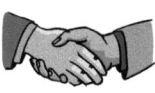

hej

hola

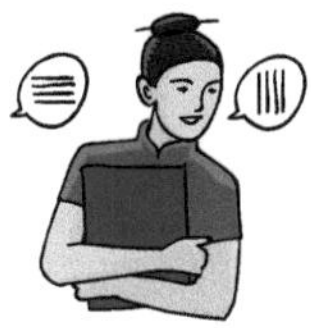

översättare

el traductor

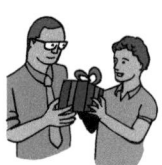

Tack

Gracias

hur mycket kostar...?

¿cuánto es...?

jag förstår inte

No entiendo

problem

el problema

God kväll!

¡Buenas tardes!

God morgon!

¡Buenos días!

God natt!

¡Buenas noches!

hejdå

adiós

riktning

la dirección

bagage

el equipaje

väska

la bolsa

ryggsäck

la mochila

gäst

el invitado

rum

la habitación

sovsäck

el saco de dormir

tält

la tienda de campaña

turistinformation

la información turística

strand

la playa

kreditkort

la tarjeta de crédito

frukost

el desayuno

lunch

el almuerzo

middag

la cena

biljett

el billete

hiss

el ascensor

frimärke

el sello

gräns

la frontera

tull

la aduana

ambassad

la embajada

visum

la visa

pass

el pasaporte

transport

el transporte

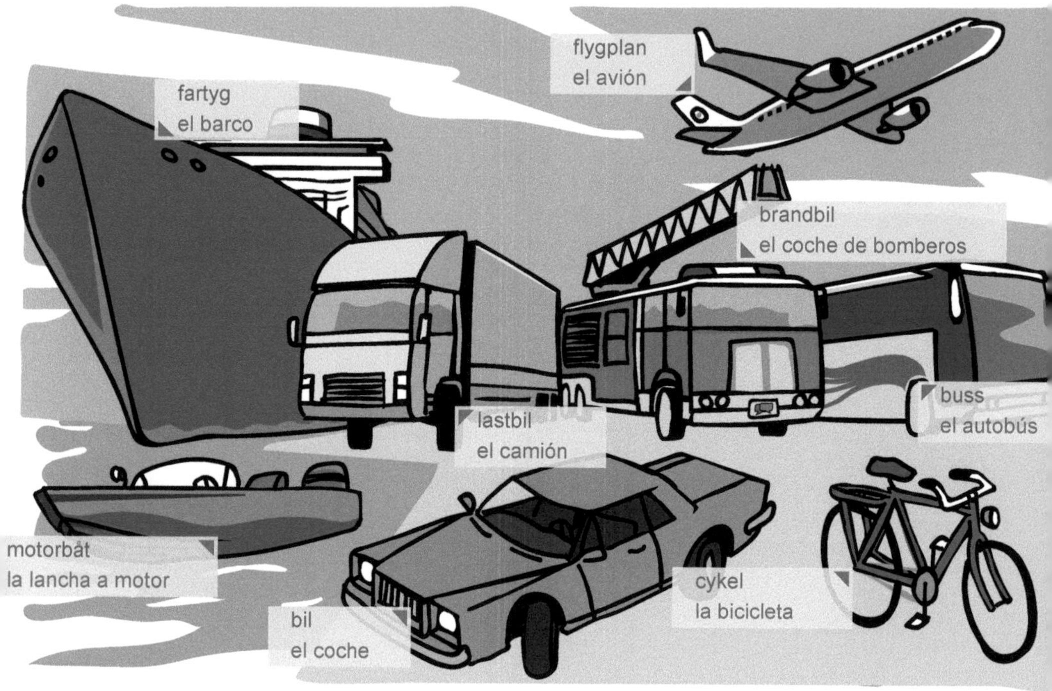

fartyg
el barco
flygplan
el avión
brandbil
el coche de bomberos
lastbil
el camión
buss
el autobús
motorbåt
la lancha a motor
bil
el coche
cykel
la bicicleta

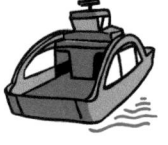

färja

el transbordador

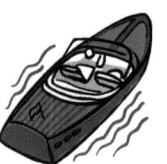

båt

la barca

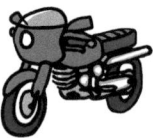

motorcykel

la moto

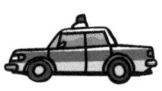

polisbil

el coche de policía

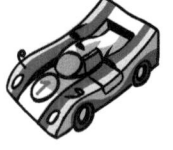

racerbil

el coche de carreras

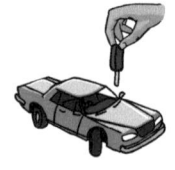

hyrbil

el coche de alquiler

bilpool
el préstamo de vehículos

bärgningsbil
la grúa

sopbil
el camión de la basura

motor
el motor

bränsle
la gasolina

bensinstation
la gasolinera

vägmärke
la señal de tráfico

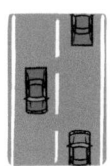

trafik
el tráfico

bilkö
el atasco

parkeringsplats
el aparcamiento

tågstation
la estación de tren

räls
las vías

tåg
el tren

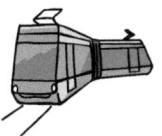

spårvagn
el tranvía

vagn
el vagón

transport - el transporte

helikopter
el helicóptero

flygplats
el aeropuerto

torn
la torre

passagerare
el pasajero

container
el contenedor

kartong
la caja de cartón

vagn
la carretilla

korg
la cesta

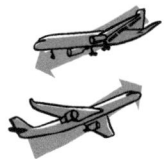

starta / landa
despegar / aterrizar

stad
la ciudad

by
el pueblo

centrum
el centro de la ciudad

hus
la casa

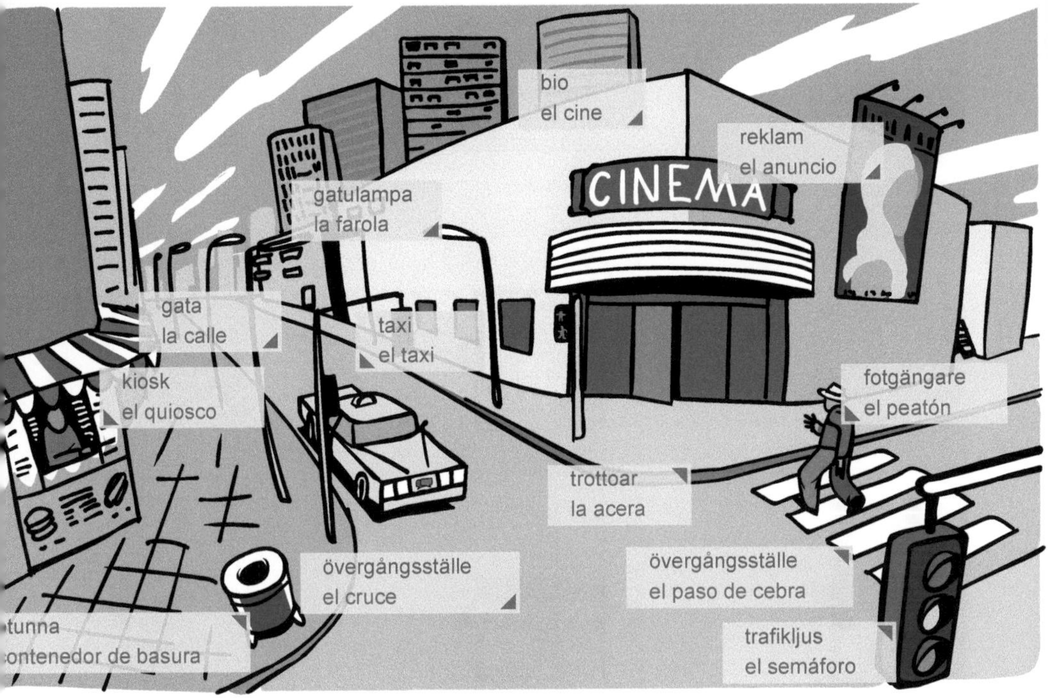

bio
el cine
reklam
el anuncio
CINEMA
gatulampa
la farola
gata
la calle
taxi
el taxi
kiosk
el quiosco
fotgängare
el peatón
trottoar
la acera
övergångsställe
el cruce
övergångsställe
el paso de cebra
tunna
ontenedor de basura
trafikljus
el semáforo

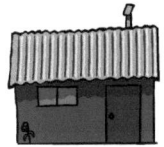

stuga

la cabaña

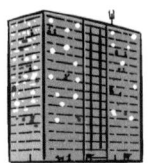

lägenhet

el apartamento

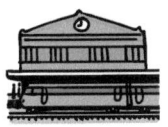

tågstation

la estación de tren

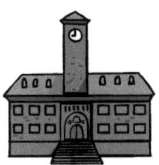

stadshus

el ayuntamiento

MUSEUM

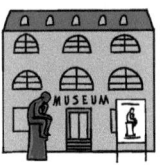

museum

el museo

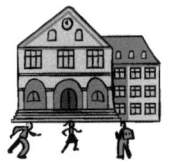

skola

la escuela

universitet

la universidad

bank

el banco

sjukhus

el hospital

hotell

el hotel

apotek

la farmacia

kontor

la oficina

bokhandel

la librería

affär

la tienda de campaña

blomsterbutik

la floristería

stormarknad

el supermercado

marknad

el mercado

varuhus

los grandes almacenes

fiskhandlare

la pescadería

köpcentrum

el centro comercial

hamn

el puerto

park
el parque

bänk
el banco

brygga
el puente

trappa
las escaleras

tunnelbana
el metro

tunnel
el túnel

busshållplats
la parada de autobús

bar
el bar

restaurang
el restaurante

brevlåda
el buzón

gatuskylt
el poste indicador

parkeringsautomat
el parquímetro

zoo
el zoo

simbassäng
la piscina

moské
la mezquita

bondgård
la granja

förorening
la contaminación

kyrkogård
el cementerio

kyrka
la iglesia

lekplats
el patio de juego

tempel
el templo

landskap
el paisaje

löv
la hoja

vägskylt
la señal

väg
el camino

äng
el prado

sten
la piedra

liftare
el excursionista

träd
el árbol

flod
el río

gräs
la hierba

blomma
la flor

dal
el valle

kulle
la colina

sjö
el lago

skog
el bosque

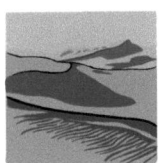

öken
el desierto

vulkan
el volcán

slott
el castillo

regnbåge
el arcoíris

svamp
el champiñón

palm
la palmera

mygga
el mosquito

fluga
la mosca

myra
la hormiga

bi
la abeja

spindel
la araña

landskap - el paisaje

skalbagge

el escarabajo

groda

la rana

ekorre

la ardilla

igelkott

el erizo

hare

la liebre

uggla

la lechuza

fågel

el pájaro

svan

el cisne

vildsvin

el jabalí

rådjur

el ciervo

älg

el alce

damm

la presa

vindkraftverk

la turbina eólica

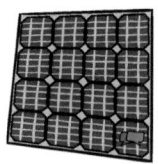

solcellspanel

el panel solar

klimat

el clima

landskap - el paisaje

restaurang
el restaurante

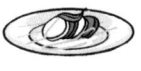

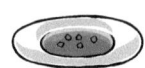

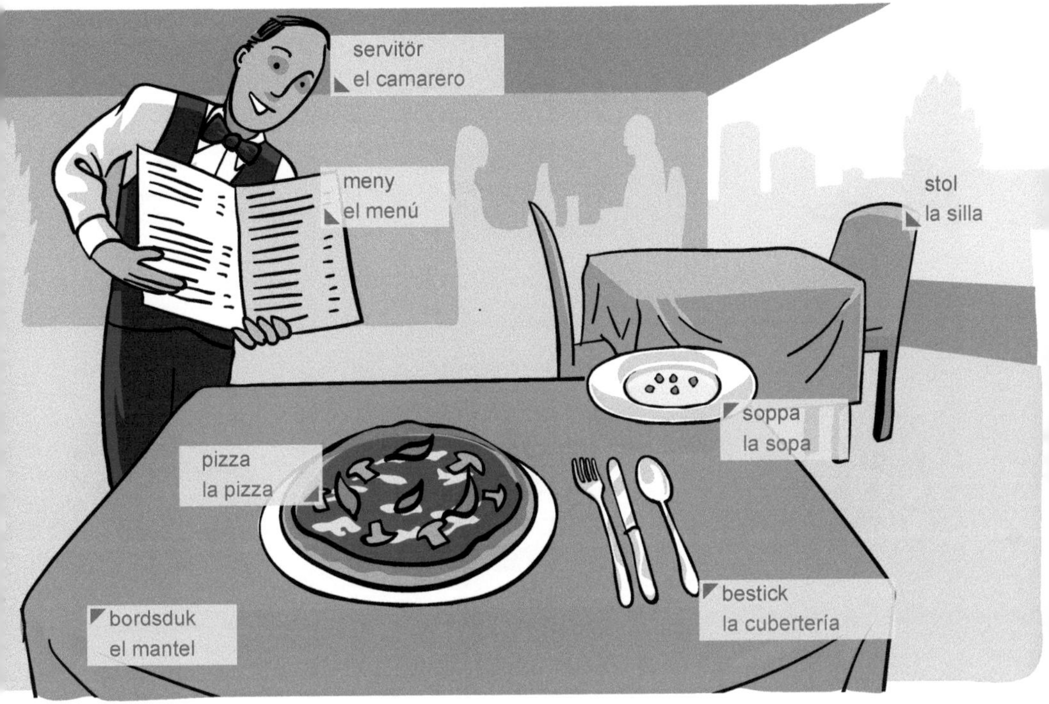

servitör
el camarero
meny
el menú
stol
la silla
soppa
la sopa
pizza
la pizza
bestick
la cubertería
bordsduk
el mantel

förrätt
el primer plato

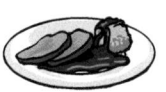

huvudrätt
el plato principal

dessert
el postre

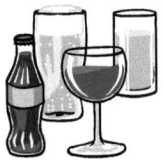

drycker
las bebidas

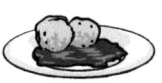

mat
la comida

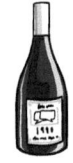

flaska
la botella

snabbmat

la comida rápida

street food

la comida callejera

tekanna

la tetera

sockerskål

el azucarero

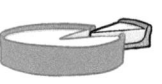

portion

la porción

espressomaskin

la cafetera expreso

barnstol

la trona

räkning

la cuenta

bricka

la bandeja

kniv

el cuchillo

gaffel

el tenedor

sked

la cuchara

tesked

la cucharilla

servett

la servilleta

glas

el vaso

restaurang - el restaurante

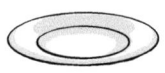

tallrik

el plato

sopptallrik

el plato hondo

tefat

el platillo

sås

la salsa

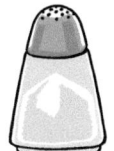

saltkar

el salero

pepparkvarn

el molinillo de pimienta

vinäger

el vinagre

olja

el aceite

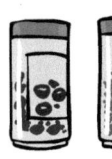

kryddor

las especias

ketchup

el ketchup

senap

la mostaza

majonnäs

la mayonesa

stormarknad
el supermercado

specialerbjudande
la oferta especial
FOR
kund
el cliente
mejeriprodukter
los lácteos
frukt
la fruta
varukorg
el carro de compra

BUTCHERS

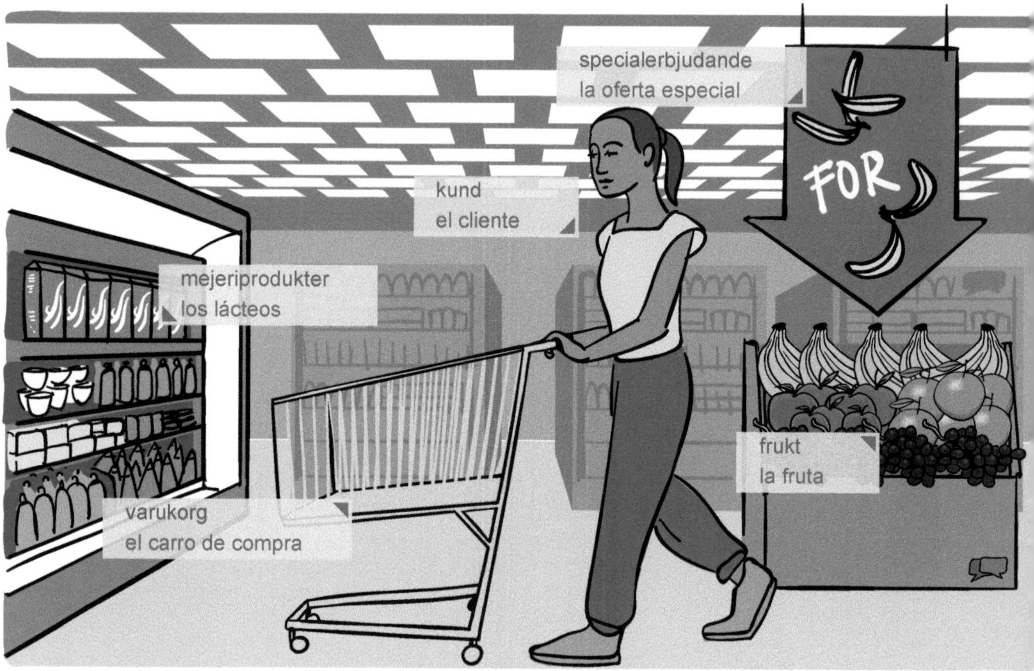

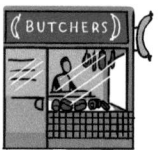

charkuteri

la carniceria

BAKERY

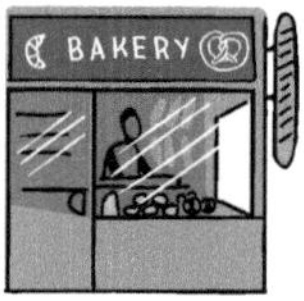

bageri

la panadería

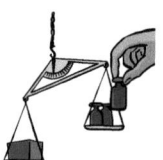

väga

pesar

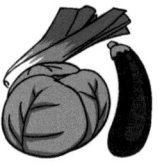

grönsaker

las verduras

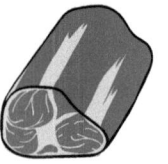

kött

la carne

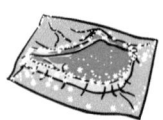

frysta livsmedel

los alimentos congelados

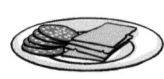

pålägg
los fiambres

konserver
las conservas

tvättmedel
el detergente en polvo

godis
los dulces

hushållsprodukter
productos de uso doméstico

rengöringsmedel
productos de limpieza

försäljare
la vendedora

kassa
la caja de cartón

kassör
el cajero

inköpslista
la lista de la compra

öppettider
el horario de atención al
público

plånbok
la cartera

kreditkort
la tarjeta de crédito

väska
la bolsa de plástico

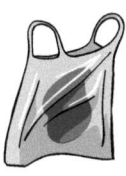

plastpåse
la bolsa de plástico

drycker
las bebidas

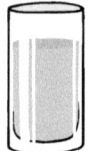

vatten
el agua

juice
el zumo

mjölk
la leche

cola
la cola

vin
el vino

öl
la cerveza

alkohol
el alcohol

kakao
el cacao

te
el té

kaffe
el café

espresso
el expreso

cappuccino
el capuchino

banan

el plátano

äpple

la manzana

apelsin

la naranja

melon

el melón

citron

el limón

morot

la zanahoria

vitlök

el ajo

bambu

el bambú

lök

la cebolla

svamp

el champiñón

nötter

las avellanas

nudlar

los fideos

spaghetti

las espagueti

ris

el arroz

sallad

la ensalada

pommes frites

las patatas fritas

stekt potatis

las patatas fritas

pizza

la pizza

hamburgare

la hamburguesa

smörgås

el sándwich

schnitzel

el filete

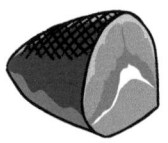

skinka

el jamón

salami

le salami

korv

la salchicha

kyckling

el pollo

stek

el asado

fisk

el pescado

mat - la comida

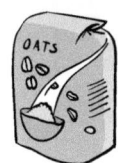

havregryn

los copos de avena

müsli

el muesli

cornflakes

los copos de maíz

mjöl

la harina

croissant

el cruasán

fralla

el panecillo

bröd

el pan

rostat bröd

la tostada

kex

las galletas

smör

la mantequilla

kvarg

la cuajada

kaka

el pastel

ägg

el huevo

stekt ägg

el huevo frito

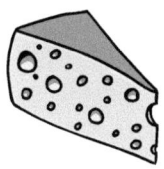

ost

el queso

mat - la comida

glass

el helado

socker

el azúcar

honung

la miel

sylt

la mermelada

nougatkräm

la crema de turrón

curry

el curry

bondgård
la granja

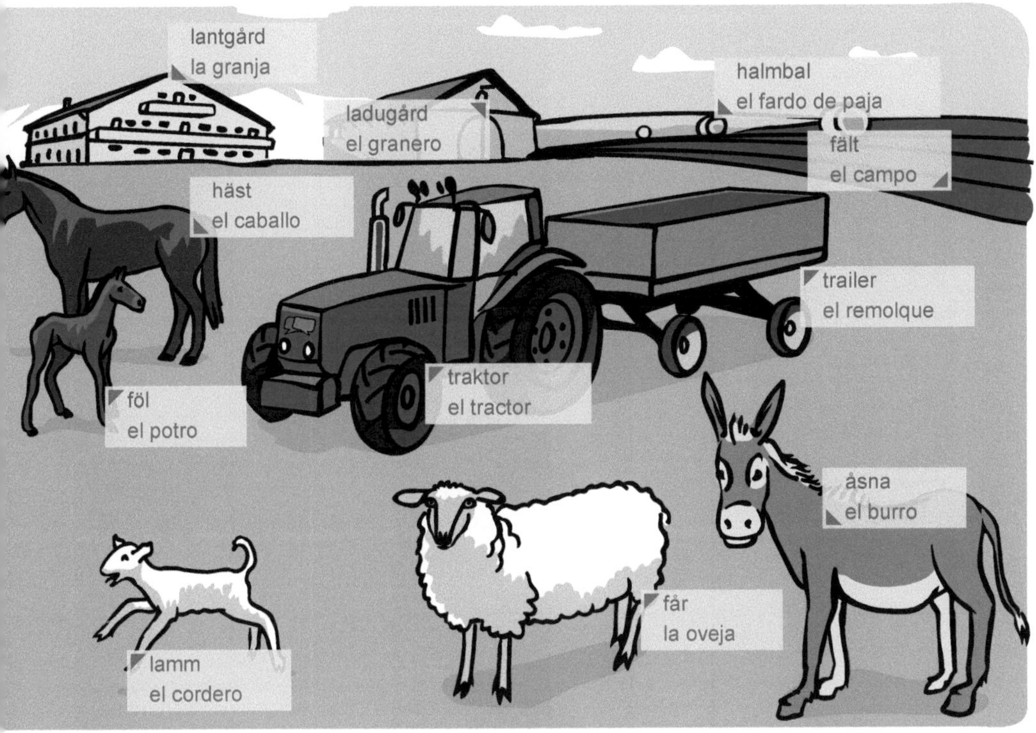
lantgård
la granja
ladugård
el granero
halmbal
el fardo de paja
fält
el campo
häst
el caballo
trailer
el remolque
föl
el potro
traktor
el tractor
åsna
el burro
får
la oveja
lamm
el cordero

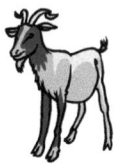

get

la cabra

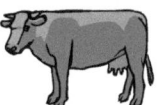

ko

la vaca

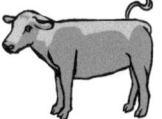

kalv

el ternero

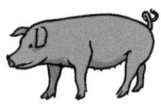

gris

el cerdo

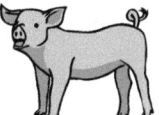

griskulting

el cerdito

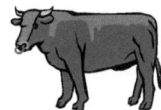

tjur

el toro

gås
el ganso

anka
el pato

kyckling
el pollo

höna
la gallina

tupp
el gallo

råtta
la rata

katt
el gato

mus
el ratón

oxe
el buey

hund
el perro

hundkoja
la perrera

trädgårdsslang
la manguera

vattenkanna
la regadera

lie
la guadaña

plog
el arado

skära
la hoz

hacka
la azada

högaffel
la horca

yxa
el hacha

skottkärra
la carretilla

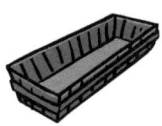

tråg
el abrevadero

mjölkflaska
la lechera

säck
el saco

staket
la valla

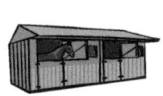

stall
el establo

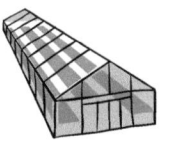

växthus
el invernadero

jord
el suelo

säd
la semilla

gödsel
el fertilizador

skördetröska
la cosechadora

skörda
cosechar

skörd
la cosecha

jams
el ñame

vete
el trigo

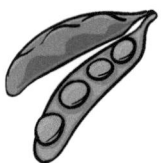

soja
el soja

potatis
la patata

majs
el maíz

raps
la semilla de colza

frukträd
el árbol frutal

maniok
la mandioca

spannmål
las cereales

hus
la casa

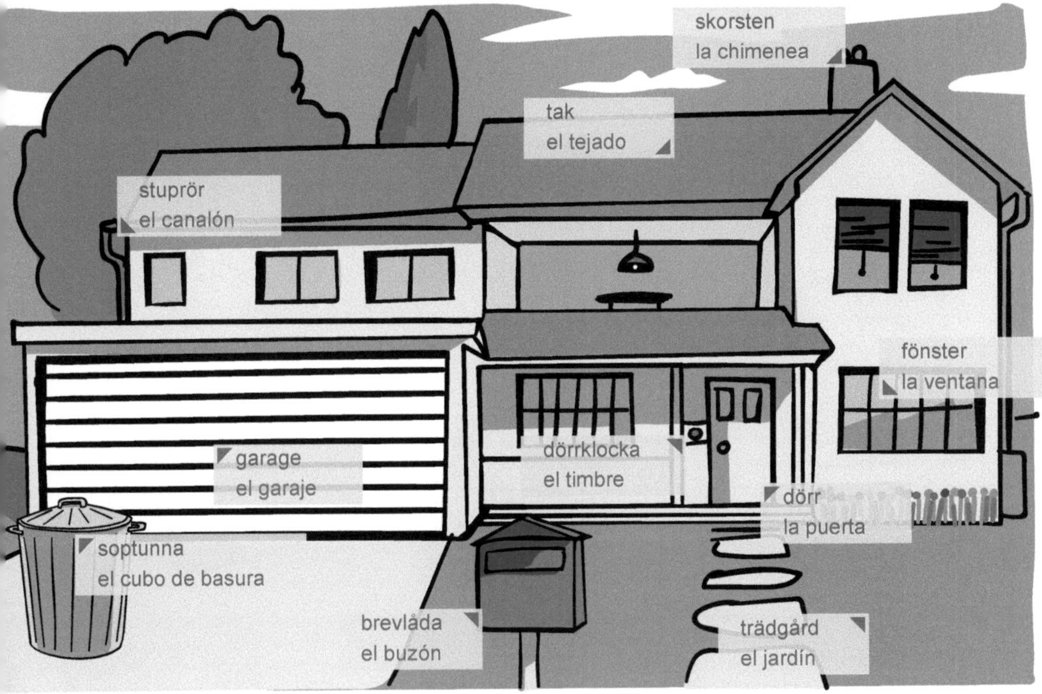
skorsten
la chimenea
tak
el tejado
stuprör
el canalón
fönster
la ventana
garage
el garaje
dörrklocka
el timbre
dörr
la puerta
soptunna
el cubo de basura
brevlåda
el buzón
trädgård
el jardín

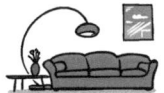

vardagsrum

la sala

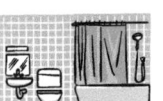

badrum

el cuarto de baño

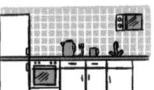

kök

la cocina

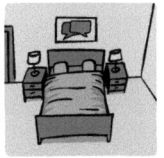

sovrum

el dormitorio

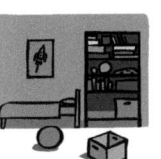

barnrum

la habitación de los niños

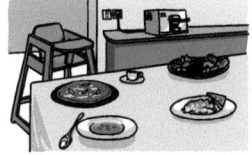

matsal

el comedor

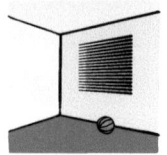

golv
el suelo

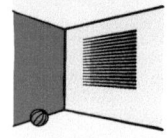

vägg
la pared

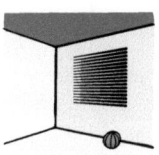

tak
el techo

källare
el sótano

bastu
la sauna

balkong
el balcón

terrass
la terraza

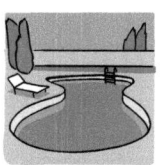

bassäng
la piscina

gräsklippare
el cortacésped

lakan
la sábana

överkast
la colcha

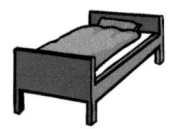

säng
la cama

kvast
la escoba

hink
el balde

strömbrytare
el interruptor

vardagsrum
la sala

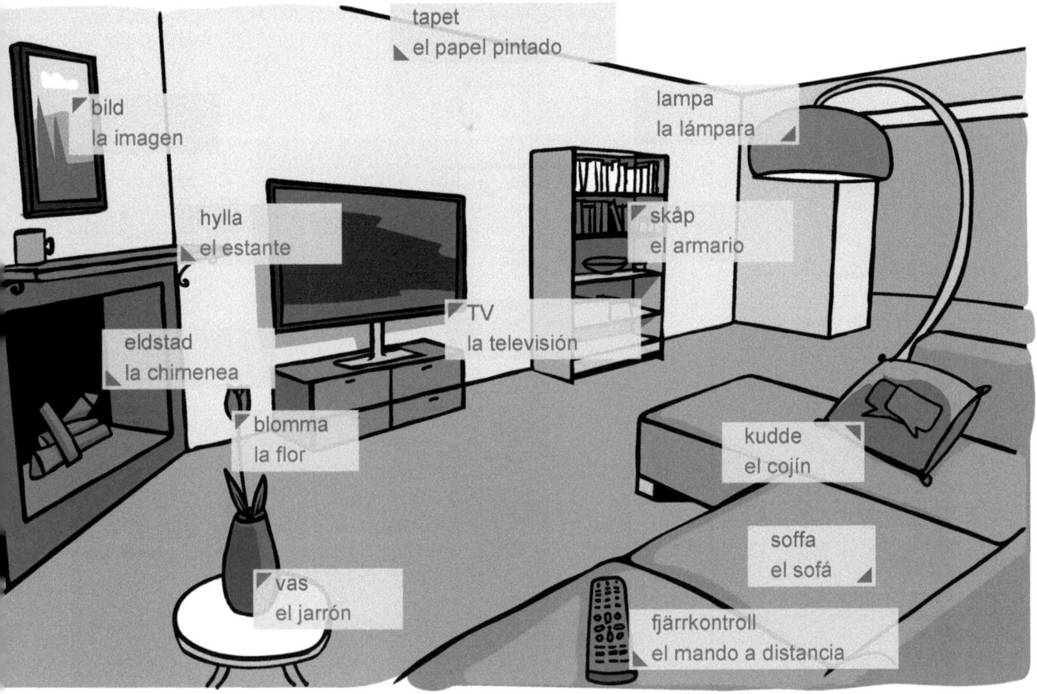

tapet
el papel pintado
bild
la imagen
lampa
la lámpara
hylla
el estante
skåp
el armario
TV
la televisión
eldstad
la chimenea
blomma
la flor
kudde
el cojín
soffa
el sofá
vas
el jarrón
fjärrkontroll
el mando a distancia

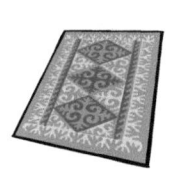

matta

la alfombra

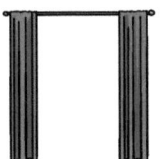

gardin

la cortina

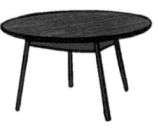

bord

la mesa

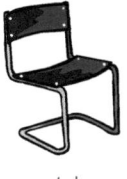

stol

la silla

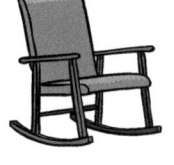

gungstol

el mecedora

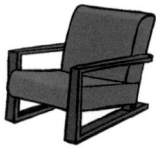

fåtölj

la butaca

bok

el libro

filt

la manta

dekoration

la decoración

vedträ

la leña

film

la película

stereoanläggning

el equipo de música

nyckel

la llave

dagstidning

el periódico

målning

la pintura

poster

el póster

radio

la radio

anteckningsbok

el cuaderno

dammsugare

la aspiradora

kaktus

el cactus

stearinljus

la vela

kök

la cocina

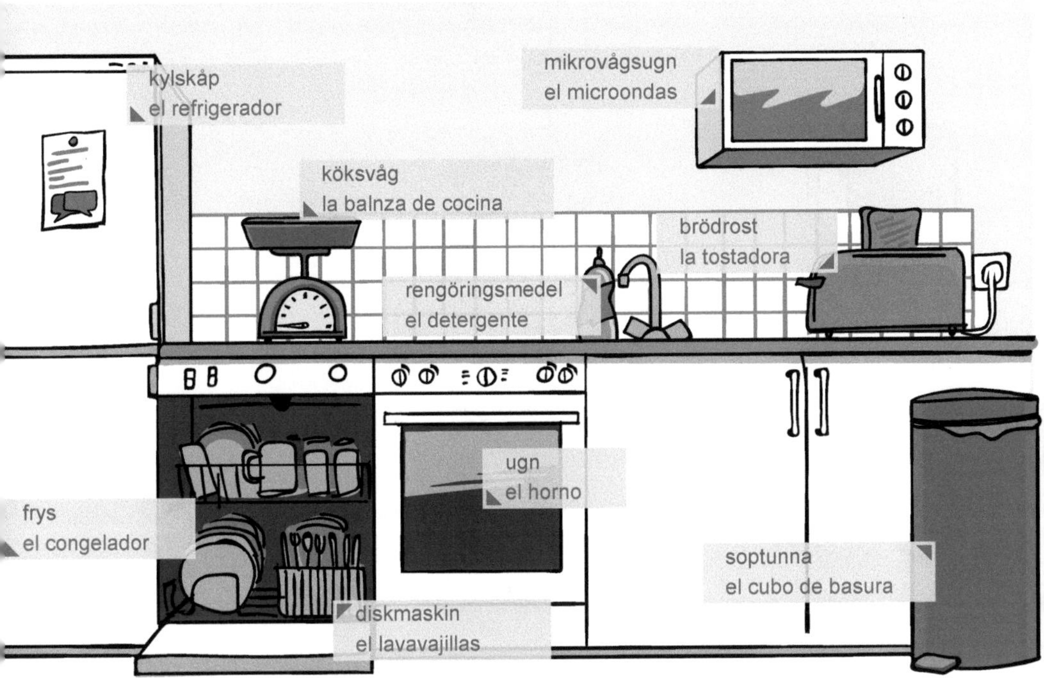
kylskåp
el refrigerador
mikrovågsugn
el microondas
köksvåg
la balnza de cocina
brödrost
la tostadora
rengöringsmedel
el detergente
ugn
el horno
frys
el congelador
soptunna
el cubo de basura
diskmaskin
el lavavajillas

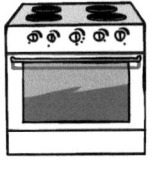

spis

la olla a presión

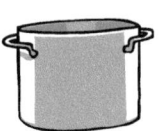

kastrull

la olla

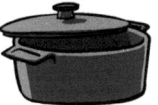

järngryta

la olla de hierro fundido

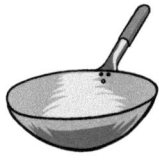

wok / kadai

el wok

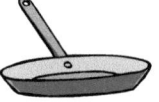

stekpanna

la cazuela

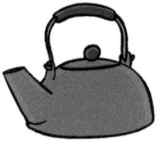

vattenkokare

el hervidor

ångkokare

la vaporera

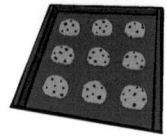

bakplåt

la chapa de horno

porslin

la vajilla

mugg

la taza

skål

el tazón

ätpinnar

los palillos

soppslev

el cucharón

stekspade

la espumadera

visp

el batidor

durkslag

el colador

sil

el cedazo

rivjärn

el rallador

mortel

el mortero

grill

la barbacoa

brasa

la hoguera

skärbräda

la tabla de picar

kavel

el rodillo

korkskruv

el sacacorchos

burk

la lata

burköppnare

el abrelatas

grytlapp

el agarrador

vask

el lavabo

borste

el cepillo

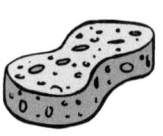

svamp

la esponja

mixer

la batidora

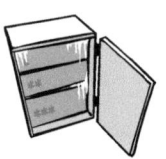

frys

el congelador

nappflaska

el biberón

kran

el grifo

kök - la cocina

badrum

el cuarto de baño

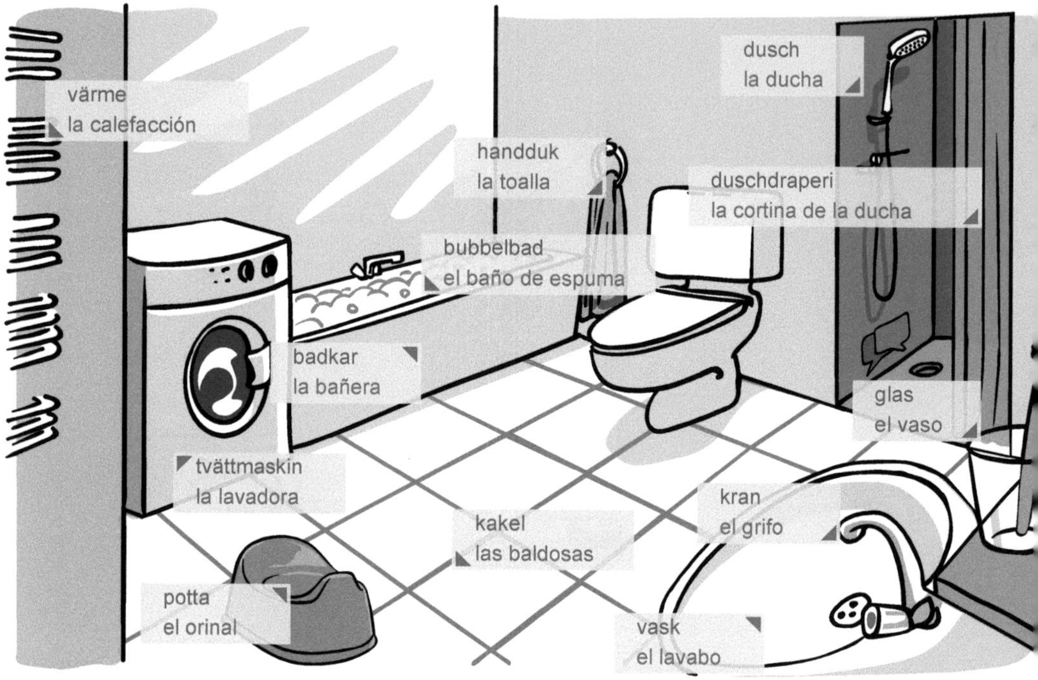

värme
la calefacción
dusch
la ducha
handduk
la toalla
duschdraperi
la cortina de la ducha
bubbelbad
el baño de espuma
badkar
la bañera
glas
el vaso
tvättmaskin
la lavadora
kran
el grifo
kakel
las baldosas
potta
el orinal
vask
el lavabo

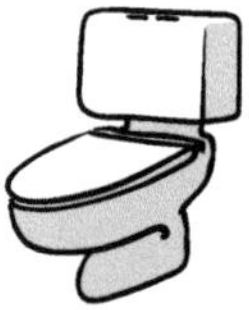

toalett

el inodoro

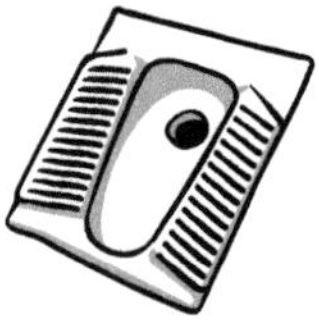

låg toalett

el inodoro rústico

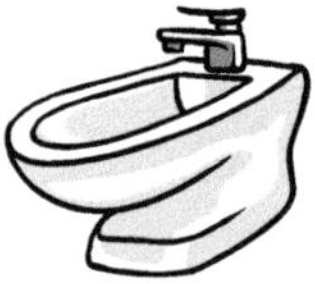

bidet

el bidé

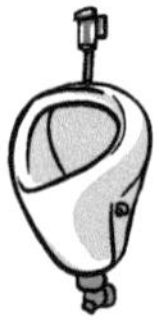

pissoar

el urinario

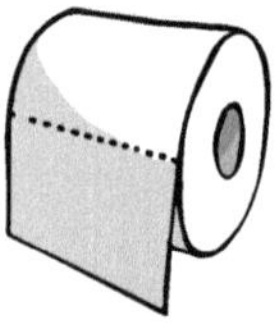

toalettpapper

el papel higiénico

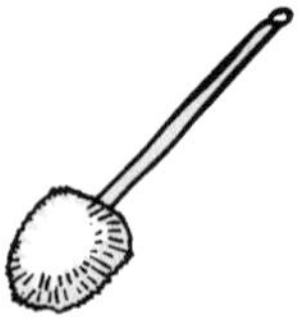

toalettborste

la escobilla del váter

tandborste

el cepillo de dientes

tandkräm

la pasta de dientes

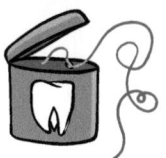

tandtråd

el hilo dental

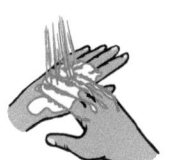

tvätta

lavar

handdusch

la ducha de mano

intimdusch

la ducha íntima

handfat

la pila

ryggborste

el cepillo de espalda

tvål

el jabón

duschgel

el gel de ducha

schampo

el champú

trasa

la toallita

avlopp

el desagüe

crème

la crema

deodorant

el desodorante

spegel

el espejo

handspegel

el espejo de tocador

rakhyvel

la maquinilla de afeitar

raklödder

la espuma de afeitar

rakvatten

la loción postafeitado

kam

el peine

borste

el cepillo

hårtork

el secador

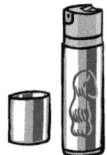

hårspray

la laca

smink

el maquillaje

läppstift

el pintalabios

nagellack

el pintauñas

bomullsvadd

el algodón

nagelsax

el cortauñas

parfym

el perfume

necessär

el estuche de viaje

pall

la banqueta

våg

la balanza

badrock

el albornoz

gummihandskar

los guantes de goma

tampong

el tampón

binda

la compresa

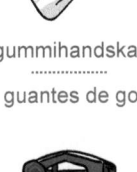

kemisk toalett

el inodoro químico

barnrum

la habitación de los niños

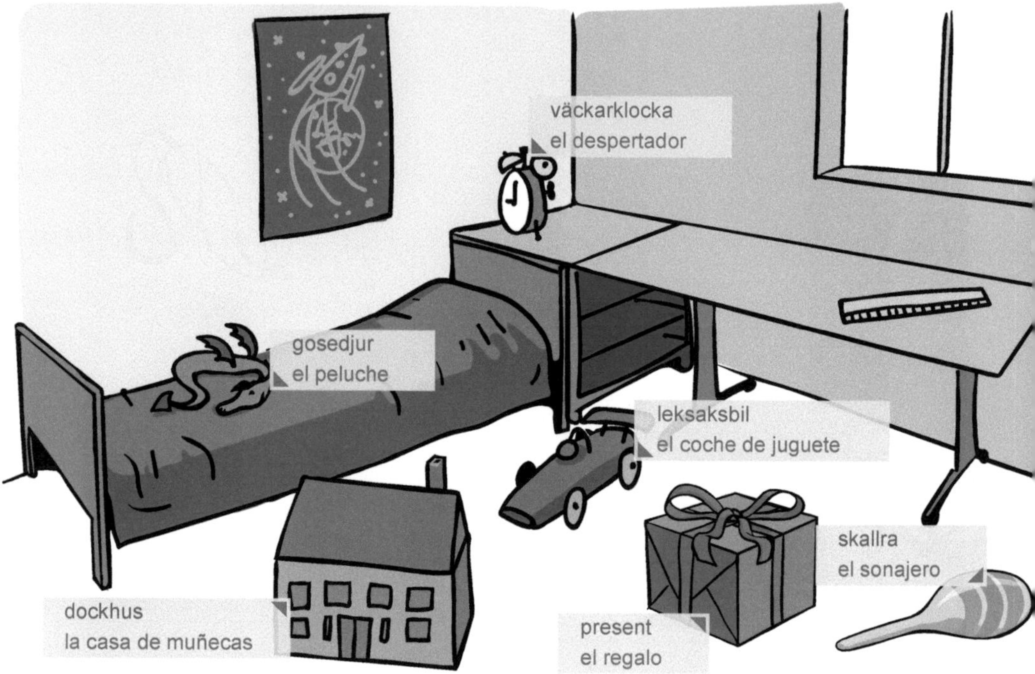
väckarklocka
el despertador
gosedjur
el peluche
leksaksbil
el coche de juguete
skallra
el sonajero
dockhus
la casa de muñecas
present
el regalo

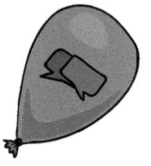

ballong

el globo

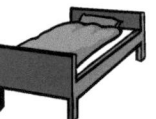

säng

la cama

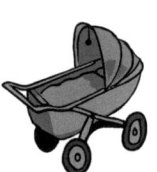

barnvagn

el coche de niño

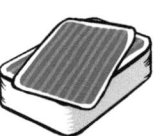

kortlek

los naipes

pussel

el puzle

SUPER
MEGA

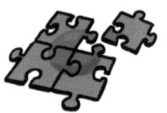

serietidning

el tebeo

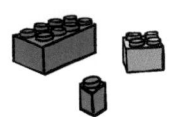

legobitar

las piezas de lego

klossar

los bloques de juguete

actionfigur

la figura de acción

sparkdräkt

el bodi (de bebé)

frisbee

el frisbee

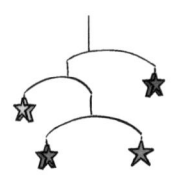

mobil

el colgador móvil para bebés

brädspel

el juego de mesa

tärning

los dados

modelljärnväg

el circuito de tren eléctrico

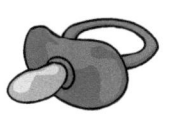

napp

el maniquí

party

la fiesta

bilderbok

el álbum de fotos

boll

la pelota

docka

la muñeca

spela

jugar

sandlåda

el cajón de arena

gunga

el columpio

leksaker

los juguetes

spelkonsol

la videoconsola

trehjuling

el triciclo

nalle

el oso de peluche

garderob

la guardarropa

kläder

la ropa

sockar

los calcetines

strumpor

las medias

tights

los leotardos

halsduk
la bufanda

paraply
el paraguas

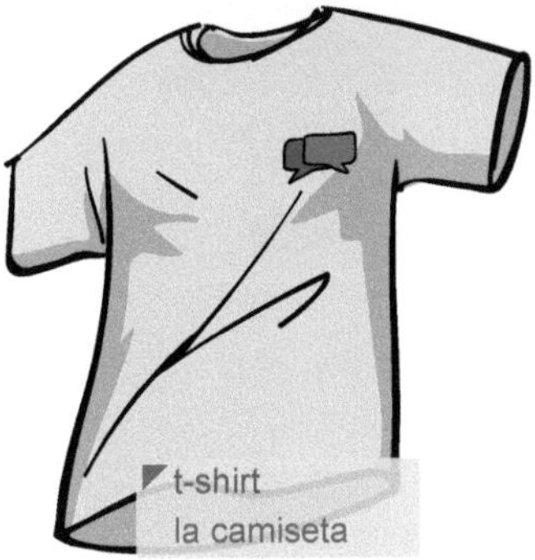

t-shirt
la camiseta

bälte
el cinturón

stövlar
las botas

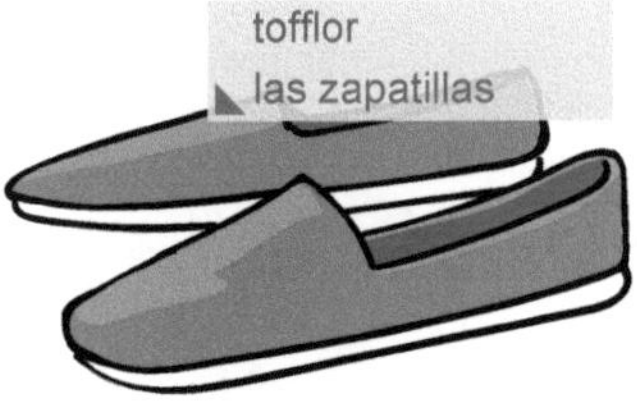

tofflor
las zapatillas

sneakers
las deportivas

sandaler

las sandalias

skor

los zapatos

gummistövlar

las botas de goma

underbyxor

el slip

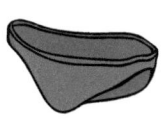

BH

el sostén

linne

el chaleco

body
el bodi

byxor
los pantalones cortos

jeans
los vaqueros

kjol
la falda

blus
la blusa

skjorta
la camisa

pullover
el jersey

sweater
el suéter

blazer
el blazer

jacka
la chaqueta

kappa
el abrigo

regnjacka
la gabardina

dräkt
el traje

klänning
el vestido

bröllopsklänning
el vestido de novia

kostym

el traje

nattlinne

el camisón

pyjamas

el pijama

sari

el sati

slöja

el bandana

turban

el turbante

burka

la burka

kaftan

el caftán

abaya

la abaya

baddräkt

el traje de baño

badbyxor

el bañador

shorts

los pantalones cortos

träningsoverall

el chándal

förkläde

el delantal

handskar

los guantes

kläder - la ropa

knapp

el botón

glasögon

las gafas

armband

el brazalete

halsband

el collar

ring

el anillo

örhänge

el pendiente

mössa

la gorra

galge

la percha

hatt

el sombrero

slips

la corbata

dragkedja

la cremallera

hjälm

el casco

hängslen

los tirantes

skoluniform

el uniforme

uniform

el uniforme

haklapp

el babero

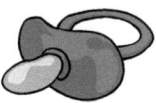

napp

el maniquí

blöja

el pañal

kontor
la oficina

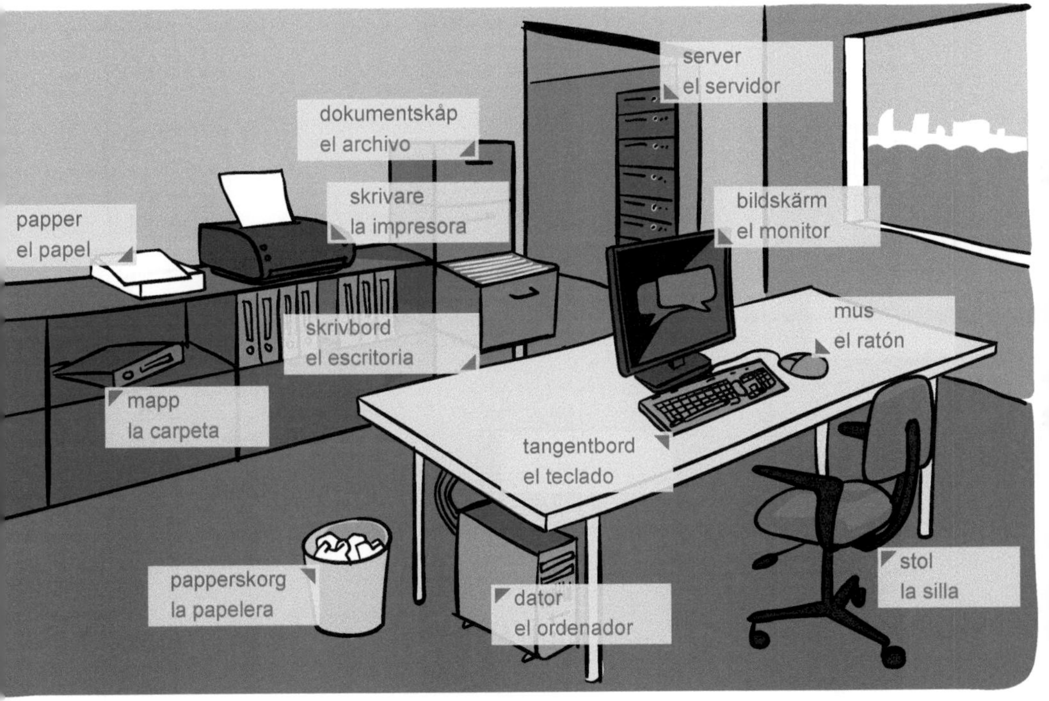

server
el servidor

dokumentskåp
el archivo

skrivare
la impresora

bildskärm
el monitor

papper
el papel

skrivbord
el escritoria

mus
el ratón

mapp
la carpeta

tangentbord
el teclado

papperskorg
la papelera

dator
el ordenador

stol
la silla

kaffemugg

la taza de café

miniräknare

la calculadora

internet

el internet

bärbar dator
el portátil

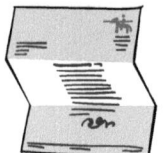

brev
la carta

meddelande
el mensaje

mobiltelefon
el móvil

nätverk
la red

kopieringsapparat
la fotocopiadora

programvara
el software

telefon
el teléfono

vägguttag
la toma de corriente

fax
el fax

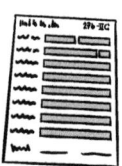

blankett
el formulario

dokument
el documento

köpa
....
comprar

betala
....
pagar

handla
....
comerciar

pengar
....
el dinero

dollar
....
el dólar

euro
....
el euro

yen
....
el yen

rubel
....
el rublo

schweizisk franc
....
el franco suizo

renminbi yan
....
el renminbi yuan

rupie
....
la rupia

bankomat
....
el cajero automático

växelkontor

la oficina de cambio de divisas

guld

el oro

silver

la plata

olja

el petróleo

energi

la energía

pris

el precio

kontrakt

el contrato

skatt

el impuesto

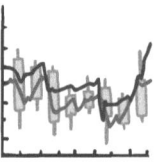

aktie

la acción

arbeta

trabajar

anställd

el empleador

arbetsgivare

el empleador

fabrik

la fábrica

affär

la tienda de campaña

yrken
los oficios

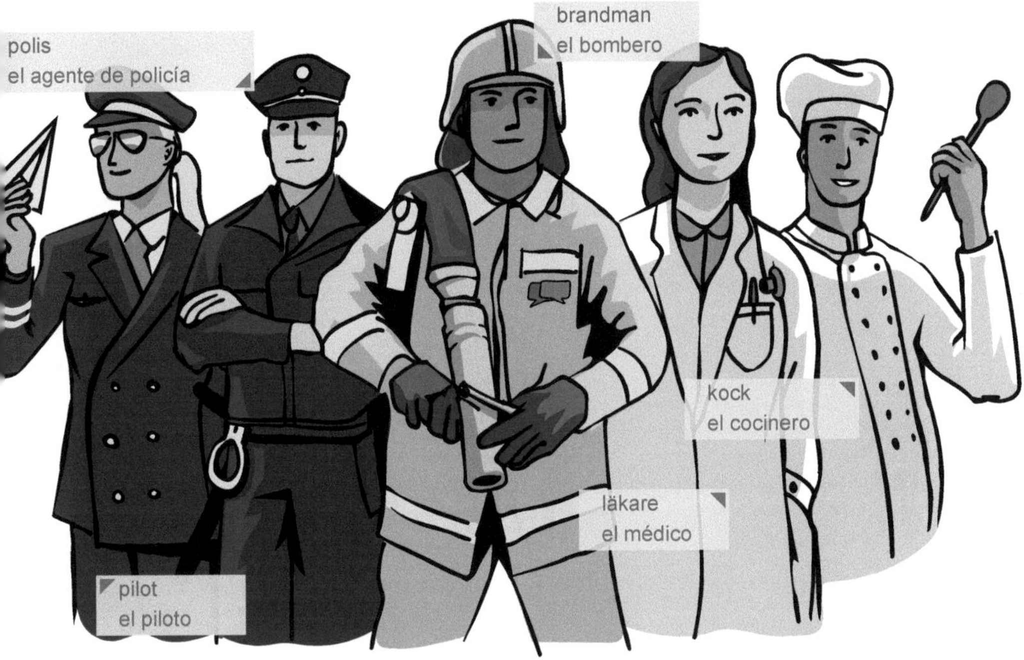

brandman
el bombero
polis
el agente de policía
kock
el cocinero
läkare
el médico
pilot
el piloto

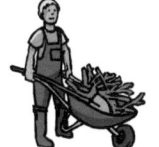

trädgårdsmästare

el jardinero

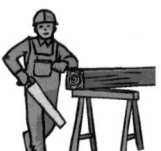

snickare

el carpintero

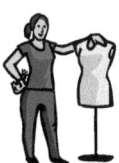

sömmerska

la costurera

domare

el juez

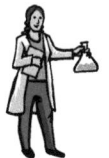

kemist

el farmacéutico

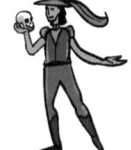

skådespelare

el actor

busschaufför

el conductor de autobús

städerska

la señora de la limpieza

takläggare

el techador

servitör

el camarero

jägare

el cazador

målare

el pintor

bagare

el panadero

elektriker

el electricista

byggarbetare

el obrero

ingenjör

el ingeniero

slaktare

el carnicero

rörmokare

el fontanero

brevbärare

el cartero

taxichaufför

el taxista

fiskare

el pescador

soldat
el soldado

arkitekt
el arquitecto

kassör
el cajero

florist
el florista

frisör
el peluquero

konduktör
el revisor

mekaniker
el mecánico

kapten
el capitán

tandläkare
el dentista

vetenskapsman
el científico

rabbin
el rabino

imam
el imán

munk
el monje

präst
el sacerdote

verktyg
las herramientas

tång
los alicates
hammare
el martillo
skruvmejsel
el destornillador
ficklampa
la linterna
skiftnyckel
la llave

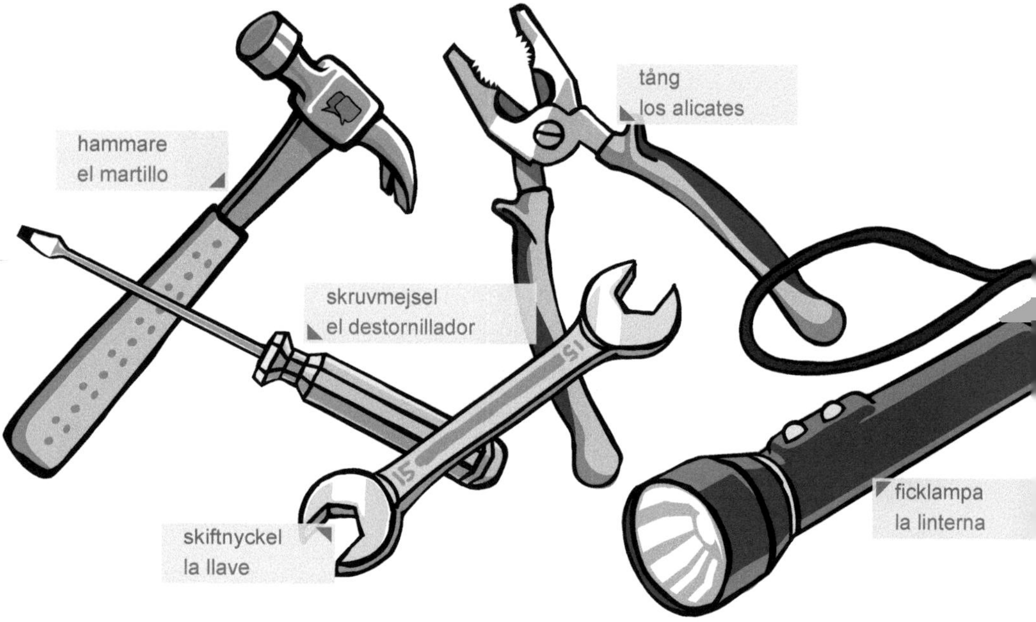

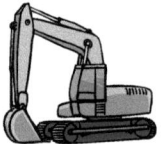

grävmaskin

la excavadora

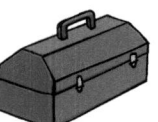

verktygslåda

la caja de herramientas

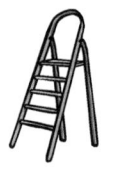

stege

la escalera de mano

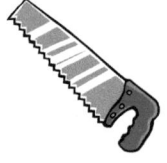

såg

la sierra

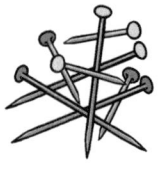

spik

los clavos

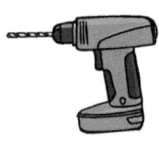

borr

el taladro

reparera
reparar

spade
la pala

Helvete!
¡Maldita sea!

sopskyffel
el recogedor

färgburk
el bote de pintura

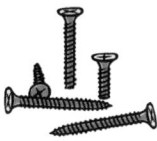

skruvar
los tornillos

musikinstrument
los instrumentos musicales

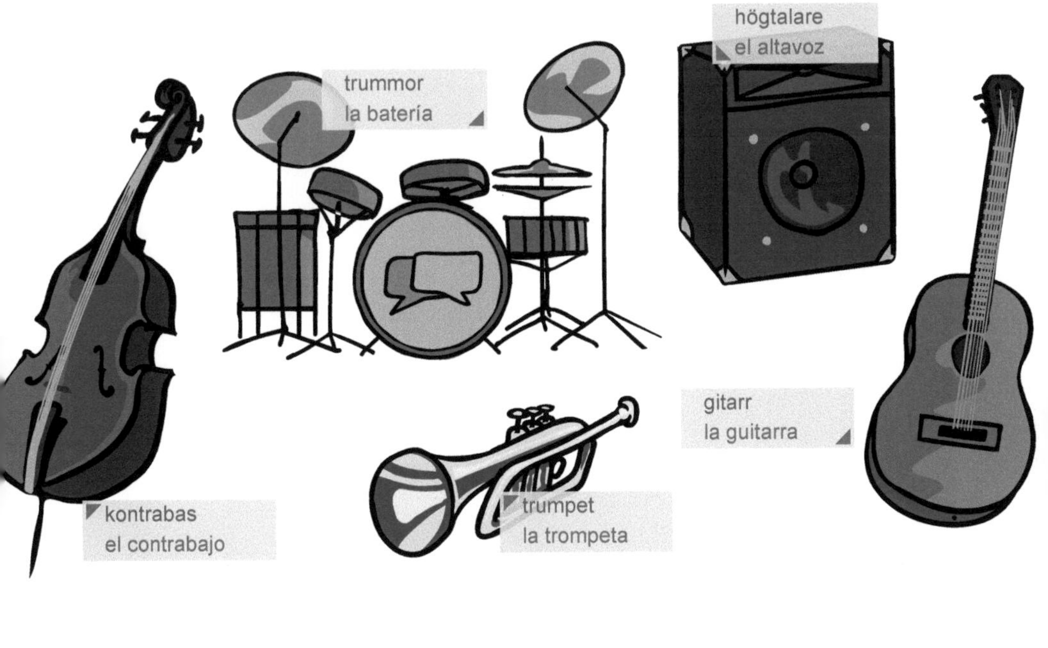

trummor
la batería

högtalare
el altavoz

gitarr
la guitarra

kontrabas
el contrabajo

trumpet
la trompeta

piano

el piano

violin

el violín

bas

bajo

timpani

los timbales

trumma

el tambor

keyboard

el teclado

saxofon

el saxofón

flöjt

la flauta

mikrofon

el micrófono

musikinstrument - los instrumentos musicales

zoo
el zoo

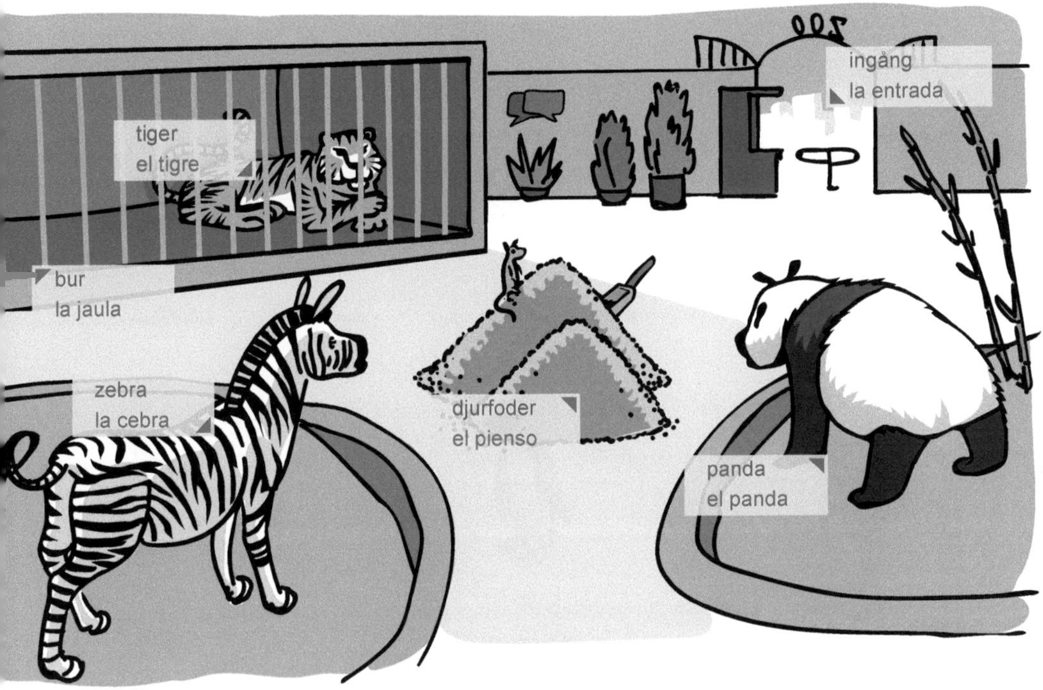
ingång
la entrada
tiger
el tigre
bur
la jaula
zebra
la cebra
djurfoder
el pienso
panda
el panda

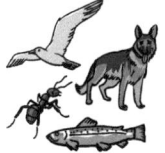

djur

los animales

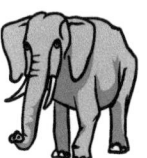

elefant

el elefante

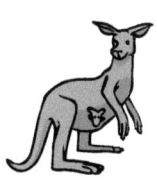

känguru

el canguro

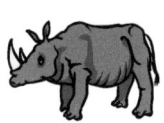

noshörning

el rinoceronte

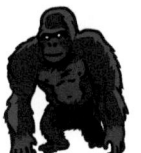

gorilla

el gorila

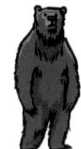

björn

el oso

kamel

el camello

struts

el avestruz

lejon

el león

apa

el mono

flamingo

el flamingo

papegoja

el loro

isbjörn

el oso polar

pingvin

el pingüino

haj

el tiburón

påfågel

el pavo real

orm

la serpiente

krokodil

el cocodrilo

djurskötare

el guardián de zoológico

säl

la foca

jaguar

el jaguar

ponny
el poni

leopard
el leopardo

flodhäst
el hipopótamo

giraff
la jirafa

örn
el águila

vildsvin
el jabalí

fisk
el pescado

sköldpadda
la tortuga

valross
la morsa

räv
el zorro

gazell
la gacela

amerikansk fotboll
el fútbol americano

cykling
el ciclismo

tennis
el tenis

basket
el baloncesto

simning
la natación

boxning
el boxeo

ishockey
el hockey sobre hielo

fotboll
el fútbol

badminton
el bádminton

friidrott
el atletismo

handboll
el balonmano

skidåkning
el esquí

polo
el polo

aktiviteter
las actividades

skratta
reír
hoppa
saltar
krama
abrazar
gå
caminar
sjunga
cantar
drömma
soñar
be
rezar
kyssa
besar

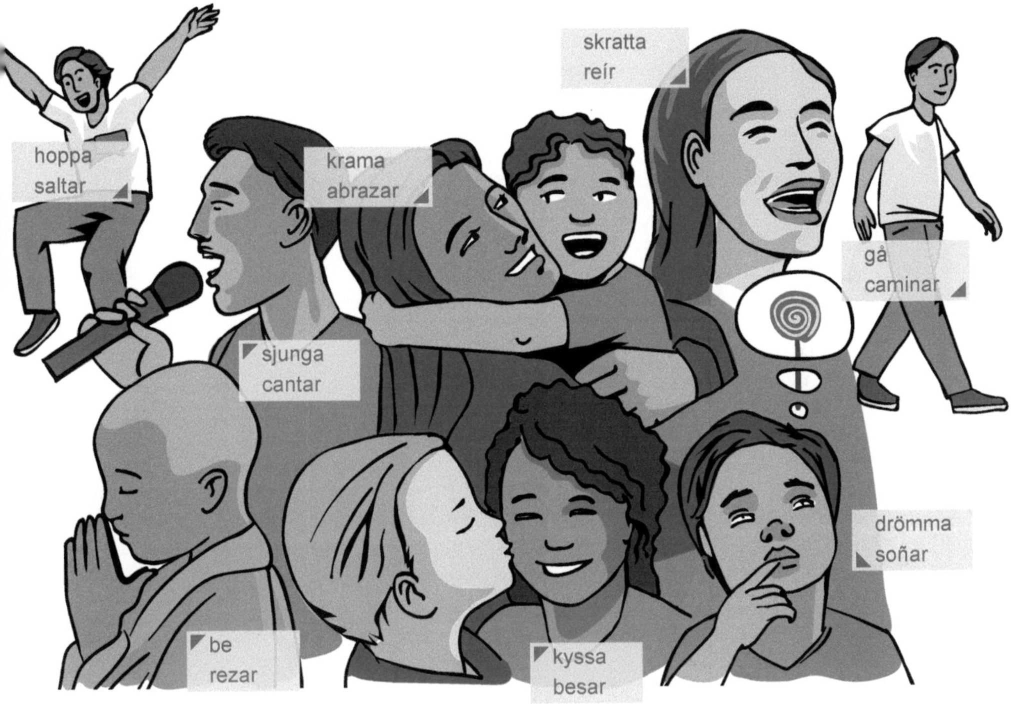

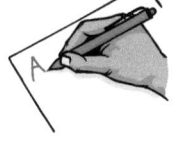

skriva

escribir

rita

dibujar

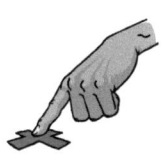

visa

mostrar

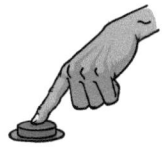

skjuta

empujar

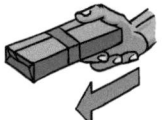

ge

dar

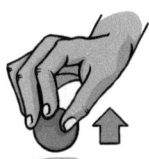

ta

tomar

hagel
tener

göra
hacer

vara
ser

stå
estar de pie

springa
correr

dra
tirar

kasta
tirar

falla
caer

ligga
yacer

vänta
esperar

bära
llevar

sitta
estar sentado

klä på
vestirse

sova
dormir

vakna
despertar

se på

mirar

gråta

llorar

smeka

acariciar

kamma

peinar

prata

hablar

förstå

entender

fråga

preguntar

höra

escuchar

dricka

beber

äta

comer

städa

ordenar

älska

amar

laga mat

cocinar

köra

conducir

flyga

volar

aktiviteter - las actividades

segla

navegar

räkna

calcular

läsa

leer

lära sig

aprender

arbeta

trabajar

gifta sig

casarse

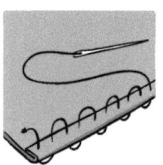

sy

coser

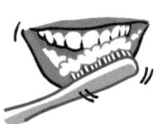

borsta tänderna

cepillarse los dientes

döda

matar

röka

fumar

skicka

enviar

familj

la familia

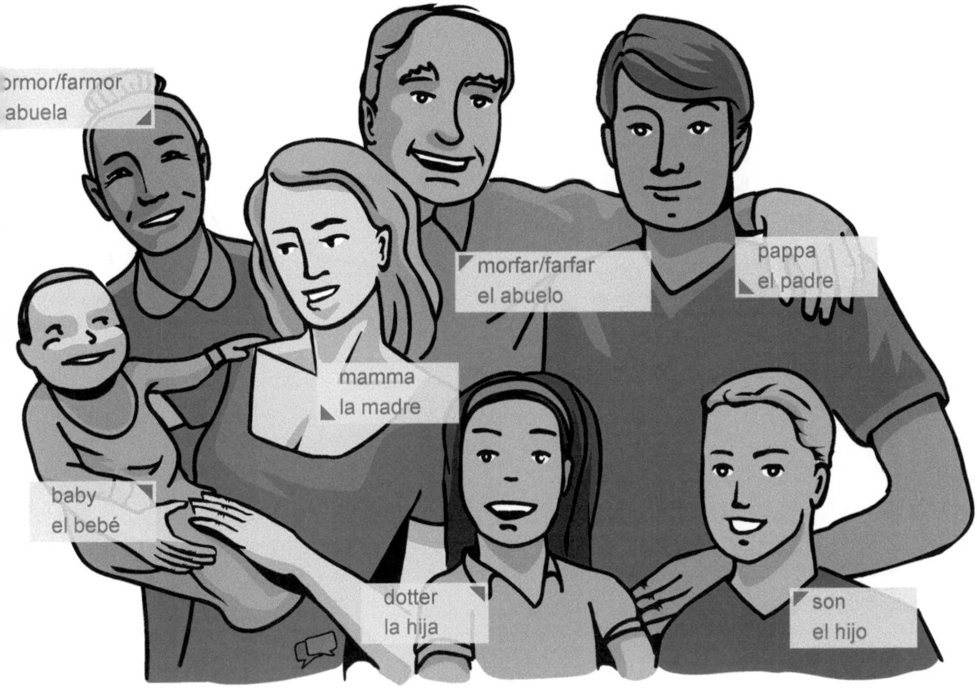

ormor/farmor
abuela
morfar/farfar
el abuelo
pappa
el padre
mamma
la madre
baby
el bebé
dotter
la hija
son
el hijo

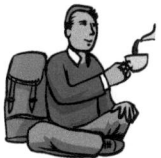

gäst

el invitado

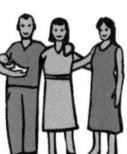

moster/faster

la tía

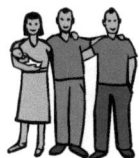

farbror/morbror

el tío

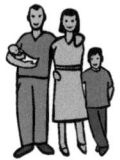

bror

el hermano

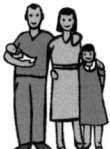

syster

la hermana

kropp

el cuerpo

panna
la frente
öga
el ojo
skuldra
el hombro
finger
el dedo
ansikte
la cara
haka
la barbilla
hand
la mano
ben
la pierna
bröst
el pecho
arm
el brazo

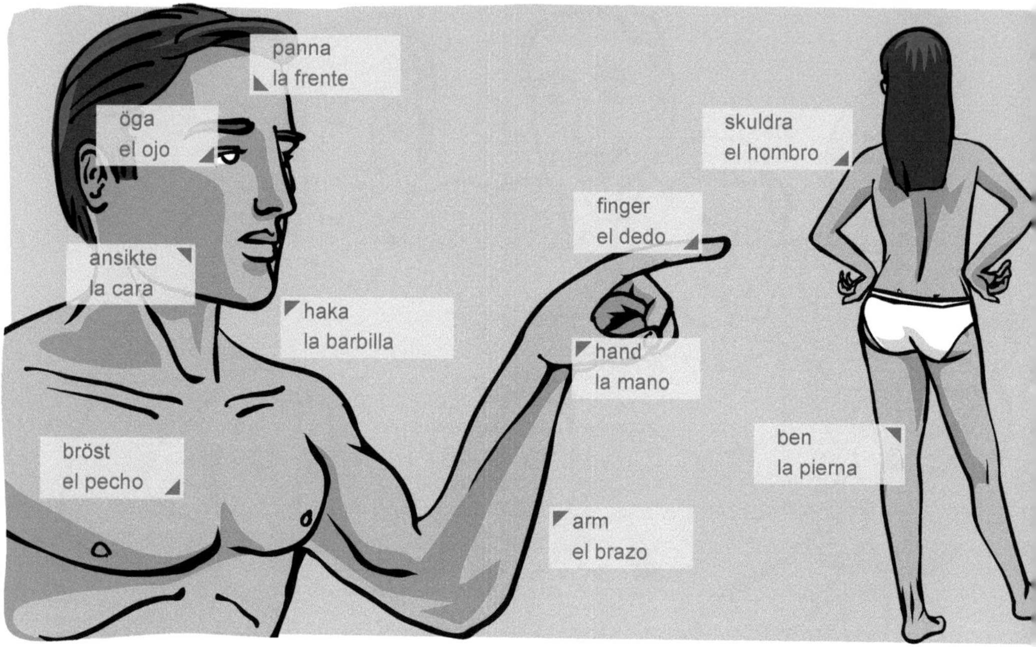

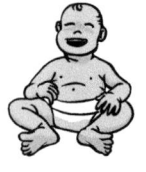

baby

el bebé

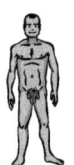

man

el hombre

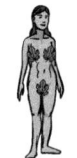

kvinna

la mujer

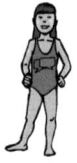

flicka

la chica

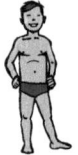

pojke

el chico

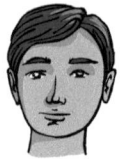

huvud

la cabeza

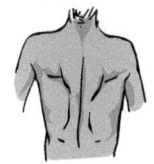

rygg

la espalda

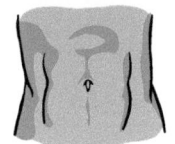

mage

el vientre

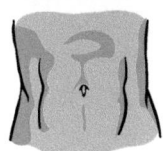

navel

el ombligo

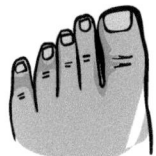

tå

el dedo del pie

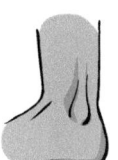

häl

el talón

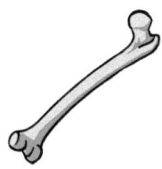

ben

el hueso

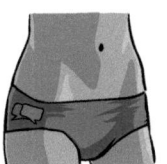

höft

la cadera

knä

la rodilla

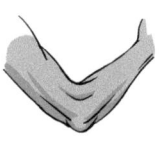

armbåge

el codo

näsa

la nariz

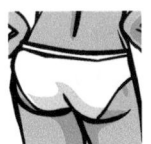

stjärt

el trasero

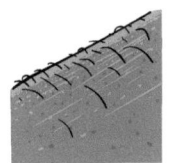

hud

la piel

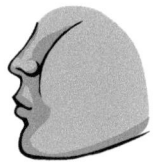

kind

la mejilla

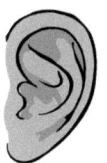

öra

el oído

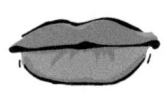

läpp

el labio

mun
la boca

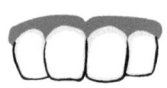

tand
el diente

tunga
la lengua

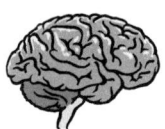

hjärna
el cerebro

hjärta
el corazón

muskel
el músculo

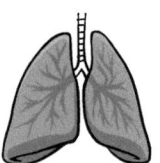

lunga
el pulmón

lever
el hígado

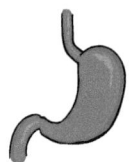

magsäck
el estómago

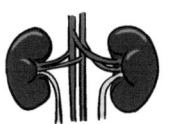

njurar
los riñones

sex
el sexo

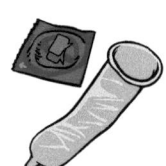

kondom
el condón

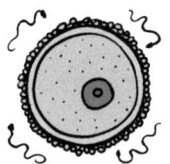

äggcell
el ovario

sperma
el semen

graviditet
el embarazo

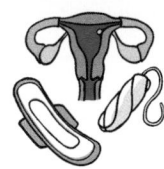

menstruation

la menstruación

vagina

la vagina

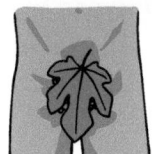

penis

el pene

ögonbryn

la ceja

hår

el pelo

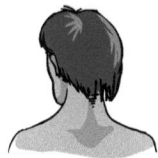

nacke

el cuello

sjukhus
el hospital

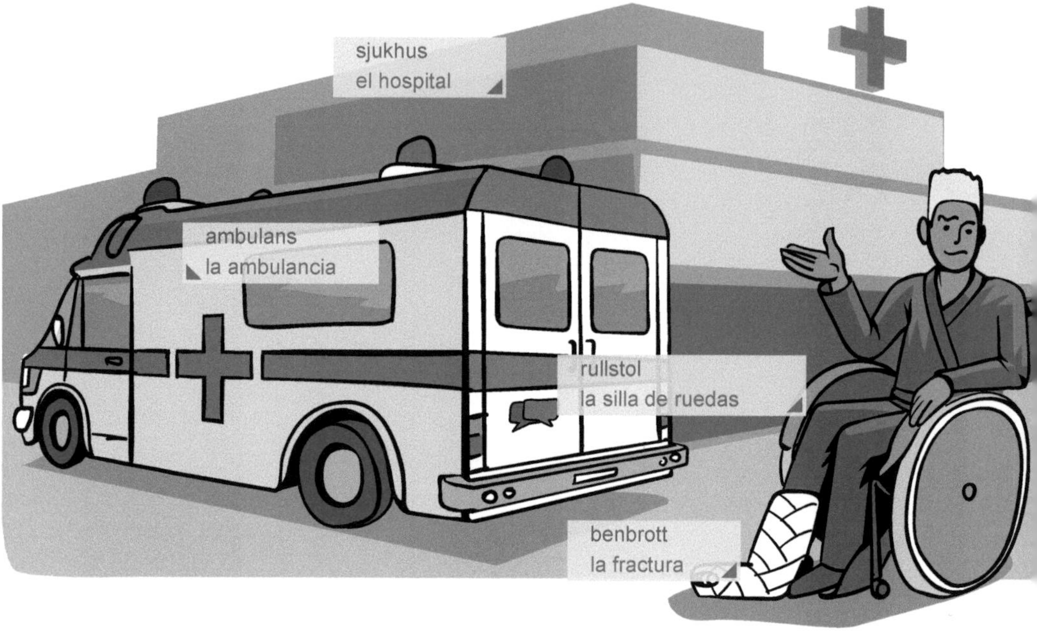

sjukhus
el hospital
ambulans
la ambulancia
rullstol
la silla de ruedas
benbrott
la fractura

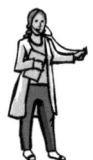

läkare

el médico

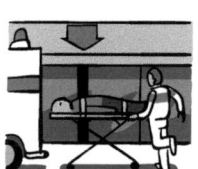

akutmottagning

la sala de urgencias

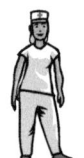

sjuksköterska

la enfermera

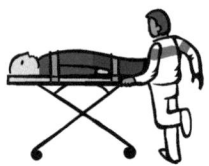

nödsituation

la urgencia

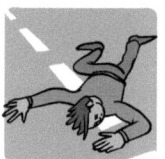

medvetslös

inconsciente

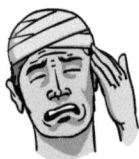

smärta

el dolor

skada

la lesión

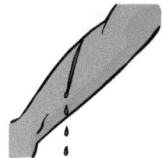

blödning

la hemorragia

hjärtattack

el infarto

slaganfall

el ictus

allergi

la alergia

hosta

la tos

feber

la fiebre

influensa

la gripe

diarré

la diarrea

huvudvärk

el dolor de cabeza

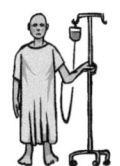

cancer

el cáncer

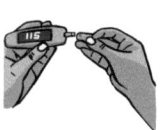

diabetes

la diabetes

kirurg

el cirujano

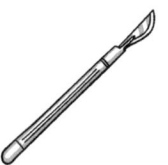

skalpell

el bisturí

operation

la operación

CT
TAC

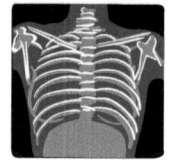

röntgen
los rayos x

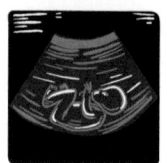

ultraljud
el ultrasonido

ansiktsmask
la mascarilla

sjukdom
la enfermedad

väntsal
la sala de espera

krycka
la muleta

plåster
la tirita

bandage
la venda

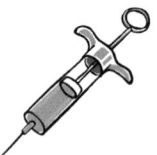

injektion
la inyección

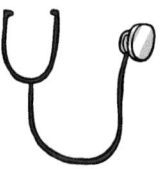

stetoskop
el estetoscopio

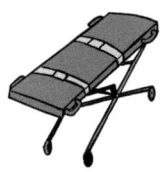

bår
la camilla

termometer
el termómetro

födsel
el nacimiento

övervikt
el sobrepeso

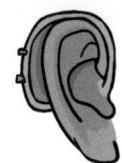

hörapparat

el audífono

desinfektionsmedel

el desinfectante

infektion

la infección

virus

el virus

HIV / AIDS

VIH / SIDA

medicin

la medicina

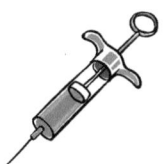

vaccination

la vacunación

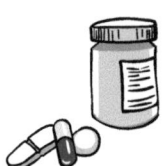

tabletter

las tabletas

p-piller

la pastilla

nödsamtal

la llamada de urgencia

blodtrycksmätare

el tensiómetro

sjuk / frisk

enfermo / sano

Hjälp!

¡Socorro!

alarm

la alarma

överfall

el asalto

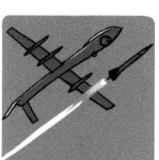

misshandel

el ataque

fara

el peligro

nödutgång

la salida de emergencia

Det brinner!

¡Fuego!

brandsläckare

el extintor de incendios

olycka

el accidente

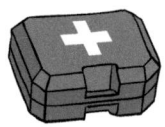

förbandslåda

el botiquín de primeros
auxilios

SOS

SOS

polis

la policía

Europa

Europa

Nordamerika

Norteamérica

Sydamerika

Sudamérica

Afrika

África

Asien

Asia

Australien

Australia

Atlanten

el atlántico

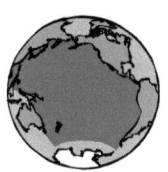

Stilla Havet

el Pacífico

Indiska Oceanen

el Océano Índico

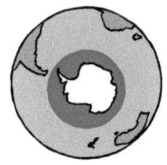

Antarktiska Oceanen

el Océano Antártico

Arktiska Oceanen

el Océano Ártico

Nordpol

el polo norte

Sydpol

el polo sur

Antarktis

La Antártida

Jorden

la tierra

land

la tierra

hav

el mar

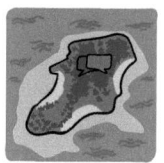

ö

la isla

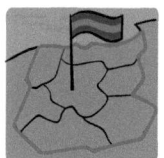

nation

la nación

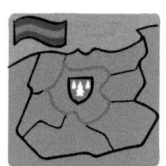

stat

el estado

urtavla

la esfera

timvisare

la manecilla de las horas

minutvisare

el minutero

sekundvisare

el segundero

Vad är klockan?

¿Qué hora es?

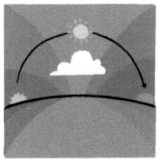

dag

el día

tid

el tiempo

nu

ahora

digital klocka

el reloj digital

minut

el minuto

timme

la hora

vecka

la semana

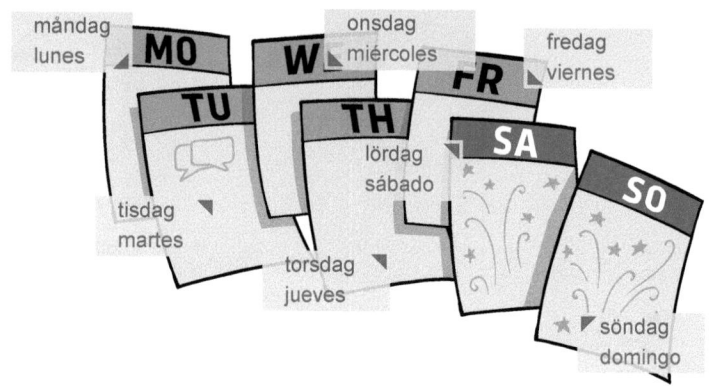

igår
....
ayer

idag
....
hoy

imorgon
....
mañana

morgon
....
la mañana

middag
....
el mediodía

kväll
....
la tarde

MO	TU	WE	TH	FR	SA	SU
1	2	3	4	5	6	7
8	9	10	11	12	13	14
15	16	17	18	19	20	21
22	23	24	25	26	27	28
29	30	31	1	2	3	4

vardagar
....
los días laborables

MO	TU	WE	TH	FR	SA	SU
1	2	3	4	5	6	7
8	9	10	11	12	13	14
15	16	17	18	19	20	21
22	23	24	25	26	27	28
29	30	31	1	2	3	4

helg
....
el fin de semana

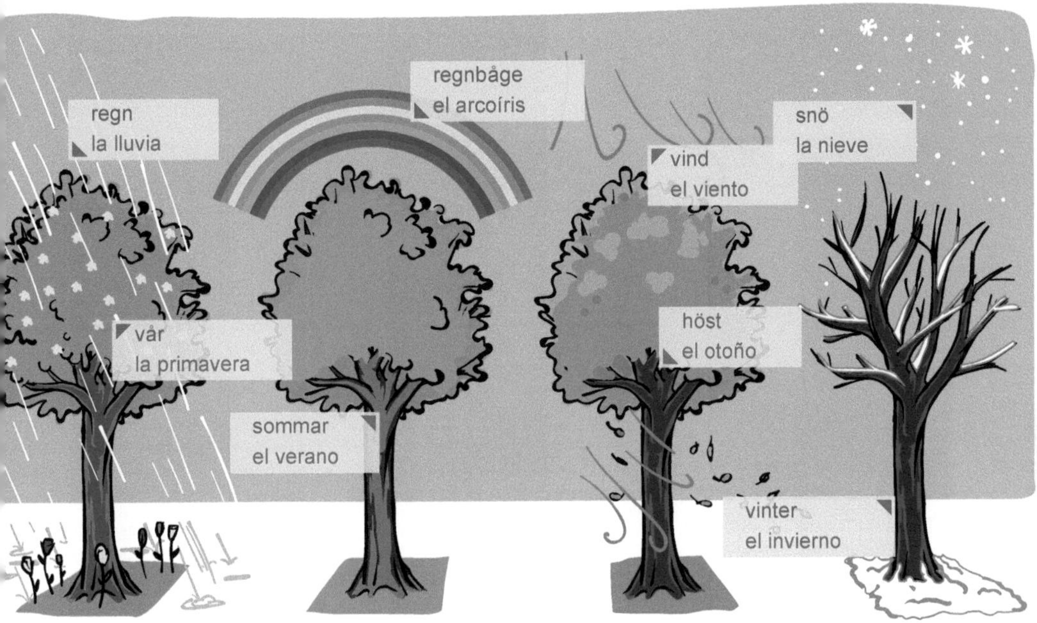

regn
la lluvia

regnbåge
el arcoíris

vind
el viento

snö
la nieve

vår
la primavera

höst
el otoño

sommar
el verano

vinter
el invierno

4.APRIL	11°	☀
5.APRIL	4°	⛅
6.APRIL	13°	☁
7.APRIL	8°	☀
8.APRIL	10°	☀

väderprognos

el pronóstico del tiempo

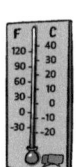

termometer

el termómetro

solsken

el sol

moln

la nube

dimma

la niebla

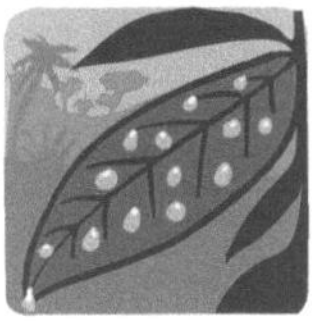

luftfuktighet

la humedad

blixt

el rayo

åska

el trueno

storm

la tormenta

hagel

el granizo

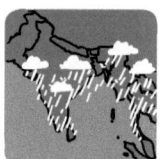

monsun

el monzón

översvämning

la inundación

is

el hielo

januari

enero

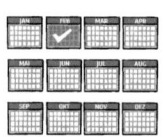

februari

febrero

mars

marzo

april

abril

maj

mayo

juni

junio

juli

julio

augusti

agosto

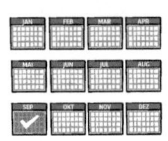

september
septiembre

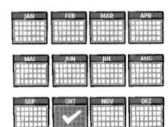

oktober
octubre

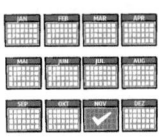

november
noviembre

december
diciembre

cirkel
el círculo

kvadrat
el cuadrado

rektangel
el rectángulo

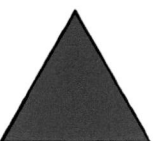

triangel
el triángulo

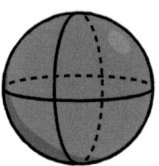

sfär
la esfera

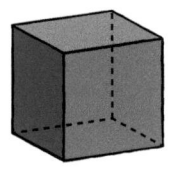

kub
el cubo

vit

blanco

gul

amarillo

orange

anaranjado

rosa

rosa

röd

rojo

lila

morado

blå

azul

grön

verde

brun

marrón

grå

gris

svart

negro

mycket / lite

mucho / poco

arg / lugn

enojado / tranquilo

vacker / ful

bonito / feo

början / slut

principio / fin

stor / liten

grande / pequeño

ljus / mörk

claro / oscuro

bror / syster

el hermano / la hermana

ren / smutsig

limpio / sucio

komplett / ofullständig

completo / incompleto

dag / natt

el día / la noche

död / levande

muerto / vivo

bred / smal

ancho / estrecho

ätlig / oätlig

comestible / no comestible

ond / god

malo / amable

upphetsad / uttråkad

entusiasmado / aburrido

tjock / smal

gordo / delgado

först / sist

primero / último

vän / fiende

el amigo / el enemigo

full / tom

lleno / vacío

hård / mjuk

duro / blando

tung / lätt

pesado / ligero

hunger / törst

el hambre / la sed

sjuk / frisk

enfermo / sano

olaglig / laglig

ilegal / legal

intelligent / dum

inteligente / tonto

vänster / höger

izquierda / derecha

nära / långt bort

cerca / lejos

ny / begagnad

nuevo / usado

inget / något

nada / algo

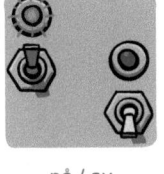

gammal / ung

viejo / joven

på / av

encendido / apagado

öppen / stängd

abierto / cerrado

tyst / högljudd

silencioso / ruidoso

rik / fattig

rico / pobre

rätt / fel

correcto / incorrecto

grov / slät

áspero / suave

ledsen / glad

triste / contento

kort / lång

corto / largo

långsam / snabb

lento / rápido

våt / torr

húmedo / seco

varm / sval

cálido / frío

krig / fred

guerra / paz

0

noll
cero

1

ett
uno

2

två
dos

3

tre
tres

4

fyra
cuatro

5

fem
cinco

6

sex
seis

7

sju
siete

8

åtta
ocho

9

nio
nueve

10

tio
diez

11

elva
once

12

tolv
doce

13

tretton
trece

14

fjorton
catorce

15

femton
quince

16

sexton
dieciséis

17

sjutton
diecisiete

18

arton
dieciocho

19

nitton
diecinueve

20

tjugo
veinte

100

hundra
cien

1.000

tusen
mil

1.000.000

miljon
el millón

los idiomas

engelska

el inglés

amerikansk engelska

el inglés americano

kinesisk mandarin

el chino madarín

hindi

el hindi

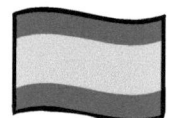

spanska

el español

franska

el francés

arabiska

el árabe

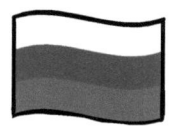

ryska

el ruso

portugisiska

el portugués

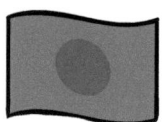

bengali

el bengalí

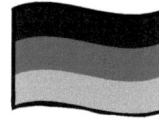

tyska

el alemán

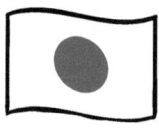

japanska

el japonés

jag
....
yo

du
....
tú

han / hon / den (det)
....
él / ella / ello

vi
....
nosotros/as

ni
....
vosotros/as

de
....
ellos/as

vem?
....
¿quién?

vad?
....
¿qué?

hur?
....
¿cómo?

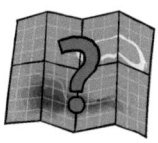

var?
....
¿dónde?

när?
....
¿cuándo?

namn
....
el nombre

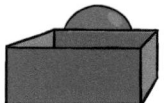

bakom

detrás

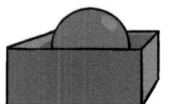

i

en

framför

delante de

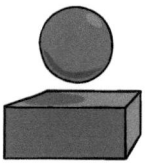

över

por encima de

på

sobre

under

debajo de

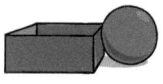

bredvid

junto a

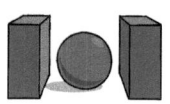

mellan

entre

plats

el lugar